對於一九三〇年代的華麗載客火車、迴盪午夜的孤獨汽笛聲以及兒時玩具火車的緬懷情緒，背後其實藏著非常重要的原因：我們沿著鐵路打造出來的景觀，很可能比汽車造成的都市蔓延好得多。

——史蒂爾格（John Stilgoe），《火車時光》（*Train Time*），二〇〇九

8 列車城市——日本。東京

在我眼中，東京永遠都是一座列車城市。你在這裡能看見地鐵列車從百貨公司的三樓開出、無人駕駛的高架列車駛過一座複製的自由女神像，以及四部深具未來感的子彈列車奔馳於平行的軌道上，軌道旁的公園內聚集了許多正喝著啤酒欣賞落櫻的民眾。

我在先前造訪日本的經驗裡，注意到日本城市乃是依據軌道與隧道——不是高速公路與高架道路——興建而成。而且，日本的列車網路雖然複雜得令人頭暈目眩，運作卻似乎一直極為順暢。我從來沒在其他地方見過那麼多人搭乘地鐵和列車，而發生的摩擦卻這麼少。不過，我心中還是有個問題一直揮之不去：依循列車以及為了列車而建的大都市，一定會比依循汽車並為汽車而建的都市更好嗎？

為了找尋答案，我決定直接闖進日本人所謂的「通勤地獄」。此時是新宿站的晨間尖峰時刻，我的周圍滿是來來往往的通勤群眾。所幸，如同《神曲》中的但丁，我也找到一位維吉爾為我帶路：阪本清是東日本旅客鐵路公司的研究員，對於通勤禮儀有強烈的觀點。「這是全世界最繁忙的車站，」隨著又一列十一節車廂的班車在新宿山手線南下月台卸下一群通勤乘客，阪本開口說道。他是個體格結實、一板一眼的男子，年約四十出頭，說起英語速度極快，而且因為曾在辛辛那提大學唸過兩年書而略帶美國中西部口音。「小田急與京王這類私人企業營運的班車會來到此處，東京都營地鐵也有四條線經過這座車站。每天，光是日本鐵路公司的列車載運到新宿的乘客就有一百萬人。」

我在新宿站南側入口外頭與阪本會合，跟著他走入晨間尖峰時刻的人潮裡，立刻對他在人流中穿梭自如的能力深感驚豔。他直覺察覺到通勤群眾的流動方向，於是在一批剛從閘門湧出的身穿黑色套裝的上班族之間穿越而過，並在下階梯時彎身拱背避開迎面而來、身穿水手服的一群女學生；最後，他瞥見月台上還有一小塊空地，隨即帶著我在軌道旁的一根柱子邊安然停下腳步。在柱子的掩護下，這個地點恰好可讓我們充分觀察一幅現代的人潮奇觀。根據我們頭上的時鐘顯示，現在是上午七點五十八分：我們身在東京這座全球人口最多的城市的稠密市中心，再過兩分鐘就是這裡的週間尖峰時刻最繁忙的時間點。

在我們左側，中央—總武緩行線的黃色條紋列車——長度是倫敦地鐵一般列車的兩倍——從十三號軌道上駛進車站。幾秒後，一班淡綠色的山手線列車——其中有些車廂設有折疊座椅以便增加尖峰時刻的載運量——在十四號軌道上停了下來。這兩部列車都滿載站立的乘客；阪本估計這兩班車的載運量都達到了百分之兩百。換句話說，這座狹窄的月台雖然已經擠滿了相當於美國中西部一座小城鎮的人口，卻即將又會有三千名乘客——等於七架波音七四七的滿載乘客人數——加入他們的行列。我舉起相機，預期混亂的景象出現。

自從最早的「押し屋」在一九六〇年代開始在新宿出現以來，日本通勤列車擁擠不堪的形象就已深深烙印在世人腦海。所謂的「押し屋」是戴著白手套的乘客「推手」，負責在尖峰時刻將擠不上通勤列車的乘客硬推上車——儘管那些列車在西方人眼中早已塞滿超出載運量的乘客。現在，儘管偶爾還是有車站服務人員會將乘客掉落的皮包或背包塞進即將關上的車門內，但乘客推手的時代已經過去了。這點說來實在有點奇怪，因為當今東京的列車載運的乘客又比以往更多。每天，共有三百五十萬名通勤乘客會穿越新宿站的兩百個出口——而且新宿站還只是東京都會區八百八十二座鐵路車站的其中一座而已。紐約的賓州車站是美國最繁忙的車站，每天的旅客吞吐量為六十萬人。新宿站只要三個小時即可達到此一數字。

阪本將我的注意力引導到山手線列車車頭旁的景象。

「你有沒有看到那些排隊的人？就我們所知，從來沒有人教導東京人那樣排隊。」月台邊緣的綠色線條標示了列車停止之後的車門所在位置；在每一條線線前方，等車的乘客都排成四列井然有序的隊伍。山手線列車的車門打開之後，四列隊伍隨即從中間讓出一條路，讓下車乘客得以走到月台中央，接在另一批群眾後方，走向階梯前往中央–總武緩行線。等到車上幾乎空無一人之後，月台上的乘客才開始上車。[1] 這個過程看起來幾乎像是一種有機的現象，彷彿乘客下車之後產生的壓力才促使月台上的等車群眾湧入空車廂裡。

頭戴藍色小帽的車掌走出車廂，踏上月台監看上車狀況，按下車頭旁一根柱子上的按鈕，播放出一小段急促的旋律，表示車門即將關閉。（山手線上每座車站都有其本身特有的關門警示音；惠比壽站採用的是充滿濃濃懷舊風的惠比壽啤酒廣告歌曲，令人聯想起電影《黑獄亡魂》（*The Third Man*）中的齊特琴獨奏。我對高田馬場站總是滿懷期待，因為那一站的關門警示音是振奮人心的《原子小金剛》卡通主題曲。）車掌透過麥克風廣播了短短一段話，說話的聲音是一股帶有鼻音的婉約聲調，這是日本公共廣播的典型說話方式。

「他說這班車原本預計八點十二分發車，但現在稍有延誤，要八點十三分才開動。」列車要是誤點超過五分鐘，東日本旅客鐵路的人員就會出現在月台上發放誤點證明，以便上班族在抵達工作地點之後，能以充滿歉意的一鞠躬將誤點證明交給上司。

一個二十幾歲、看來體格健壯的上班族，認定最接近我們的這節車廂仍有空間，於是倒退著上了車，面對著月台。他的姿態堅決，張開雙腿穩穩立在車門邊緣，手掌抵著車門上緣，身體向後拱，以臀部擠壓著後方的人群。車門關上之後——只差一點點就夾到了他的鼻尖——只見他臉上浮現一股不易察覺的得意微笑。列車滑出車站，車掌在最後一節車廂的尾端窗戶伸出頭，右前臂靠在窗台上。列車離開之後，一名工作人員走到月台邊緣，往下看了一眼，接著以戴著白色手套的食指沿著軌道一揮，表示軌道上沒有任何障礙物。

還在月台上的乘客並不需要等太久：兩分二十秒後——這時間還不夠讓人從月台的一端走到另一端——下一班車就抵達了，於是整個上下車的過程又重複了一遍。

山手線上的每一座車站都有類似的情景進行著。這條二十二英里長的環狀線連接了上野站、品川站、東京站、澀谷站以及東京市中心的其他主要車站。在晨間尖峰時刻的峰頂之際，山手線上共有五十班列車會同時行駛，一半順時針行駛，另一半逆時針行駛，班車間距最短只有兩分鐘，每班車載運的乘客都超過一千五百人。不過，山手線只是東日本旅客鐵路公司在東京地區營運的三十五條路線的其中之一；而東日本旅客鐵路又只是東京十二家鐵路公司的其中之一：其他公司包括東急電鐵（每日載客量為兩百九十萬人）、西武鐵路（一百七十萬）與東武鐵道（兩百四十萬）。除此之外，還有東京地鐵的十三條線與八百五十萬的每日載客量。東京地鐵的軌道大致上都位在地底，原本範圍只涵蓋山手線環狀路線內的區域，但現在已延伸至千葉縣、多摩市及其他偏遠的「臥室郊區」。行駛速度緩慢的街車、橡膠輪胎的單軌電車以及一輛輛的接駁公車將通勤乘客載運到山手線沿線車站——這條單一路線的每日載客量即等於整座紐約地鐵系統的每日載客量。東京地區的居民總計一天搭乘四千三百萬趟大眾運輸——一年將近一百六十億趟——相當於美國所有大眾運輸系統的兩倍半。就是這套穩定運作的絕佳系統——山手線在中央運轉，猶如一個巨大的齒輪——可靠地將工作人員運送到市中心，才能讓這個世界上最具生產力的巨大區域維持經濟繁榮。東京是大眾運輸都市的最佳例子，或者該說是一座大眾運輸的巨大都市，因為這裡聚居了日本四分之一的人口；東京是一座由列車建造的城市，現在也由列車維繫城市運作。

在我們跟著人群走向車站大廳的途中，我向阪本表示我對群眾守規矩的程度深感驚豔。沒有人推擠，也幾乎沒有人互相碰撞，一切都進行得極為順暢。

「那是因為東京人都是通勤專家，他們知道在車站裡該有什麼樣的行為表現。」

事實上，如果說載運人上下班的美妙機器能運作得這麼好，絕非東京人天生帶有某種適合搭乘鐵路的基因，而是因為這裡的大眾運輸公司不斷致力簡化通勤程序、一再調整車站動線、推出更舒適也更寬敞的車廂，並且不斷以各種手段吸引通勤乘客放棄收費高速公路與私人汽車。阪本為東日本旅客鐵路進行的研究，是以分析鐵路乘客流動現象為主。他設計出一套精巧的系統，能記錄通勤乘客踏入車站之後的行為。他在新宿站的南側出口附近說明了這套系統的運作方式。

「挑戰在於如何追蹤個別乘客在車站大廳裡的行走路線。」在新宿站的東日本旅客鐵路區域，中央大廳的盡頭是一座以螢光燈照明的白牆長方形廳堂。行色匆忙的通勤乘客匯聚於此，再分別爬樓梯或搭手扶梯前往上方的十四條軌道。在尖峰時刻，頭腦清楚的人絕對不會自願逗留在這裡：在山手線上的各大車站裡，每秒都有數以百計的臉龐經過；那些靠咖啡因提神的人們，因為專注在通勤效率而出奇地靜默，看起來似乎能從身上產生能量。（不只看起來似乎如此，而是確實如此。東日本旅客鐵路一項試行計畫讓所有通勤乘客只要走過嵌於車站大廳地板內的感應墊，產生的振動即轉變為電能，用來點亮東京站所有的電燈。）

阪本發現，天花板上那些鏡頭對準著人群頭部的監視攝影機無法捕捉這種複雜的活動。「攝影機的傳真度太高了。它們會記錄下大廳裡的所有活動，可是這樣的資料太多了。你得在天花板上裝設好幾百具攝影機，才能記錄每個人的動線。」

阪本決定試驗一種新科技。他在新宿站的適當地點裝設德國製造的雷射掃描器——這是一種藍色的小盒子，裡面裝有轉動的鏡子，讓光束一百八十度來回掃射。乘客經過時，只要腳踝擋住光束，那道雷射光就會反射回感應器。每個資料點都和大廳內某個特定地點建立相互關係，接著再傳至與掃描器連接的電腦。儘管每天經過新宿站中央大廳的通勤乘客人數多達數百萬，形成許許多多的資料點，但阪本發現，只要八具掃描器就足以涵蓋整座大廳。軟體將資料點匯集成流水線，代表個別旅客穿越大廳的路線。黃色流水線代表從左向右移動的旅客；藍線代表由右向左移動的旅客。紅點代表停下腳步的旅客——可能是因為迷路、一時迷失方向，或是停下來接手機。藍線與黃線一旦相交，就會出現一個白點，代表一名旅客在那個時刻閃身避免碰撞。[2]阪本發現，所有的資料一旦匯總起來之後，他便可描繪出一幅新宿站的鳥瞰動線圖，只見許多藍黃細線交雜在一起，伴隨著許多紅點與白點。由此得出的結果不是模擬，而是有如一幀幀以五十秒為間隔的真實行為快照，顯示出那一整天的旅客穿越大廳所行走的路線。

阪本帶我走到東日本旅客鐵路大廳的入口。我們看著通勤旅客穿越一排高及腰部的閘門，有些人以熟練的動作將皮夾或手機舉至感應器前，認定機器會從他們的票卡或智慧型手機當中扣除正確的車資金額。突然間，閘門發出叮噹的聲響，兩道隱藏的擋板隨即關了起來，只見一名中年婦女猛然停下腳步，然後微微漲紅了臉，從身後成群的通勤乘客之間退了出去，到櫃台去購買車票。

「我猜她應該是票卡餘額不足吧，」阪本說：「她在我們的動線圖上會是一個紅點。」

阪本指向一排顯示列車資訊的ＬＥＤ螢幕。那些螢幕位在閘門後方十幾碼處，平均分布於月台兩端之間。許多旅客都會在這裡停下腳步，確認自己要搭的車在哪條軌道。阪本的掃描器顯示新宿站南側入口通常都會出現兩團鬆散的紅點，形成一道阻礙人潮流動的障礙，從而造成許多白點，表示許多人都得放慢腳步，閃身通過。這種現象在尖峰時刻足以導致穿越閘門的人潮出現嚴重堵塞。

結果，這個問題其實很容易解決。東日本旅客鐵路重新調整了螢幕位置，將最多人搭乘的鐵路線資訊顯示於右側，強迫需要參考列車資訊的旅客聚集於一側。原本在這裡停步的旅客不免形成一道路障，現在則是變成一個能輕易避開的熱點，於是閘門的旅客流動又順暢了起來。

「我的技術很新，」阪本說：「目前還在發展階段。但再過十年，這種做法就可能用來變更車站的規劃，甚至是像新宿站這樣的大車站。」就在東日本旅客鐵路致力改裝車站，為老年人與殘障人士增進通行便利性的同時——在逐漸老化的社會裡，此舉乃是維繫載運量的重要措施——那些雷射掃描器將用於辨識關鍵熱點，以便調整電梯位置，並確認該在何處設置書報攤、移動式人行道與小吃亭。

阪本那套分析旅客流動狀態的系統只是眾多創新當中的一例。在我走訪日本期間，東日本旅客鐵路的技術人員正在研發自癒水泥（只要水流入裂縫，水泥就會自我修復）、噴水系統（能將溫水噴在子彈列車的軌道上，藉以融化冰雪）以及隔震系統（如此即可在高架列車軌道下方興建舒適的旅館）。現在，有些東京地鐵的列車能監控輪子的載重量，並在軌道急彎處噴上一種特殊的潤滑劑，以便減少摩擦與尖嘯聲（這種做法顯然大可應用在紐約的地鐵線上）。日本鐵路的出色之處就在於這種逐步漸進的改善措施，不斷整合加入一套愈來愈精妙的系統。

阪本瞥了一眼他的手錶，接著看了大廳最後一眼。

「抱歉今天一切都進行得那麼順利，」他說。他知道我預期著像但丁的地獄那樣推擠壅塞的景象。「順利移動旅客的最佳方法，就是營運一套可靠的運輸系統。只要列車準時到站，我們就沒有問題——一點問題都沒有。就算每天有超過三百萬人使用這座車站也沒有關係。」

我看著這位新宿站的維吉爾趕去搭乘八點三十六分開往大宮站的列車，成為眾多身穿黑色西裝的旅客之一。在我的腦海中，他已幻化成一條藍色流水線，優雅地穿梭在紅點與白點之間。

列車城鎮

東京的鐵路是衡量其他所有鐵路系統的標準。簡言之，東京是大眾運輸乘客的人間天堂。

在湘南新宿線上，東日本旅客鐵路的雙層頭等綠色車廂設有鋪上厚絨布的躺椅，列車服務員還會在夜間班車上推著推車，沿著走道端上冰啤酒。大多數的路線都設有絕佳的空調設備，在東京悶熱的夏季天氣裡，列車裡吹著涼爽的冷氣；到了冬天，加熱的長凳座位則可為你的臀部帶來一股暖意（這也正是為什麼你在車上常會發現隔壁乘客的頭靠在你的肩上——因為太舒適而睡得不省人事了。）列車不但班次頻繁，而且安靜又快速：才剛出東京市中心，特快通勤列車的時速隨即提高到八十英里——美國國鐵除了少數城際列車之外，沒有一班車的極速能到達每小時八十英里。售票機會以日語或英語發出語音指示，而且吐出車票的時候還會顯示服務人員向你鞠躬的動畫。

不過，現在車票已愈來愈罕見了。許多東京人都在皮夾裡帶著稱為「Pasmo」或「Suica」的金屬卡片。這種卡片內含晶片，只要在鐵路及地鐵閘門將卡片放置於距離感應器四英寸之內的範圍，即可感應扣款。在大東京地區流通的這種卡片共有四千萬張，平均儲值多達兩百五十美元，而且現在這些卡片還可用於便利商店、公車、販賣機甚至計程車上。有些私人列車線的卡片感應器能自動傳送簡訊到父母的手機，只要孩童通過閘門，父母就可立刻知道。

無可否認，日本人非常熱愛他們的列車。在主要路線的軌道彎道上，我見過成群的人聚集在一旁觀看列車——這種人在日本稱為「電車宅男」，但他們自己比較喜歡自稱為「鐵道迷」——持著望遠鏡頭努力捕捉飛速經過的新幹線列車或是造型流線的特快車。列車甚至也融入日本人的性生活裡，形成「痴漢電車」這種色情型態。在「澀谷粉紅女孩俱樂部」裡，摩擦癖人士踏入一部仿造的地鐵車廂——連車上廣播都一應俱全——付錢撫摸打扮成學生或辦公室接待人員的女子。一部連載漫畫描繪一名旅行作家因為興趣而花了十五年走訪全日本將近一萬座車站的真人實事，結果大為暢銷。由這部漫畫改編成的動畫更引發一場全國熱潮，促使許多人造訪位於偏遠山區的隱蔽車站。

「沒話說，日本的列車系統是全世界最棒的。就路線密度、潔淨程度、可靠性以及旅行的便利度而言，都遙遙領先其他國家，」索倫森（André Sorensen）這麼告訴我。他寫的《日本都市的形成》（*The Making of Urban Japan*）是英語世界裡介紹日本都市規劃的決定性著作。目前在多倫多大學擔任都市地理教授的他，曾在日本住過九年，至今仍對這個國家的大眾運輸驚嘆不已。「他們在東京做到了全世界沒有其他人做過的事情。私營通勤鐵路與地鐵系統無縫接軌，你可以在東京以西的橫濱搭上一班東京急行電鐵列車，這部列車接著會鑽進東京市中心公共地鐵系統的隧道，再接到東京市東側的私營軌道。你只要等到正確的班車，就可以直接搭到你家，太美妙了！」

這裡的通勤人士之所以會是全世界最受呵護的一群，是因為日本人口的密集度足以讓列車有利可圖，於是鐵路公司又能靠著這些利潤不斷改善服務——不論是利用雷射掃描器調整車站動線，還是採取新式隧道鑽掘科技挖掘全新的地鐵線。當然，今日的東京之所以會人口如此密集，正是因為這座城市在二十世紀間的成長幾乎完全是由電力列車推動，而不是靠汽車的內燃機所促成。

這一點正指出當初促使我來到東京的那個問題：住在一座由列車促成的城市裡，真的會優於在一座由汽車建構而成的城市裡生活嗎？

特快列車與叮叮電車

我有個老朋友住在日本。史考特和他太太珍妮佛在東京已經住了八年，不但學會了日語，還收養了一個日本女兒。藉著拜訪他們以及透過他們的眼光看待日本，我得以一窺這個原本不得其門而入的文化。

我剛抵達東京時，因為搭了十四個鐘頭的飛機而備受時差與膝蓋僵硬所苦，所以腦子也花了好一段時間才得以適應這座日本大都會的規模與密度。搭乘在從成田國際機場開出的特快列車上，我首度瞥見日本的都市化發展；直到今天，搭乘這班前往東京的列車還是會讓我驚奇而著迷。成田機場興建於七〇年代，當時為了鋪設跑道徵收了不少田地，因此遭到農民抗議，曾經出現不少暴力衝突的場面。從這座位於東京市中心以西四十英里的機場搭車進城需要一個小時。在頭十分鐘裡，框在狹窄小路間的長方形稻田不斷閃掠而過，背景是長滿樹木的低矮小丘，有些丘頂上還矗立著多層寶塔。不久之後，一叢叢兩、三層樓的市郊住宅便開始出現，周圍環繞著小型轎車與廂型車；接著，房屋變得愈來愈密集，而且轉為多層樓的公寓建築以及位於車站附近的購物中心。等到特快列車駛入千葉縣這座人口近百萬的衛星城市，已經完全不見鄉間景色，取而代之的是多層單車停車場、包圍在網子內的高球練習場、水泥邊岸的河流、錯綜複雜的電話線與電線，還有柏青哥遊樂場門口閃亮不已的霓虹招牌。不過，成田特快只有在這趟旅程上的最後幾分鐘，才會駛入一片有如《銀翼殺手》電影場景的市區——在東京、品川與新宿這幾座大車站周圍，可以見到許多外型古怪的不對稱摩天大樓以及巨大的顯示螢幕。除此之外，你在這趟車程上有一大半時間看到的都是密集叢聚在一起的低矮住宅，偶爾間雜著幾幢四到六層樓的公寓建築、辦公大樓與百貨公司。然而，就東京的人口數來看，這座城市占用的土地其實不多。東京都會區共有三千六百萬居民，土地面積卻只比人口僅有四百五十萬的澳洲雪梨稍多一點而已。

記者麥尼爾（Robert MacNeil）在九〇年代走訪東京市郊，看到的僅有「一團混亂粗陋的景象，純粹功利取向，毫無規劃可言，只有隧道看起來比較順眼」。不過，光是坐在快速列車上望向窗外，實在不太可能看出日本城市的魅力。唯有深入城市各區的密集屋宇中，才能領略日本城市的迷人之處。史考特與珍妮佛帶我到了大多數遊客不會看到的鄰里，讓我得以欣賞東京人在都市生活上無人能及的長才。要真正瞭解東京經歷地震、燃燒彈與經濟泡沫後仍舊存續的深層都市結構，就必須搭乘比成田特快車慢上許多的列車。

十八世紀初，當時名為江戶的東京原是全世界最大的城市。一百萬人居住在本州島太平洋岸的大海灣上，在鬆軟的沖積土上興建石砌運河與木造房屋。一八六八年，明治天皇廢除幕府之後，就把原本位在京都的皇室住所遷至東京。稱為「大名」的封建領主與家臣及武士定居在高原上的山手區；平民住在低窪的下町區，這是一片從隅田川的三角洲造地而成的區域。而當初也和現在一樣，位於中央的是由護城河環繞的皇宮。正如羅蘭・巴特在《符號帝國》（*The Empire of Signs*）裡指出的，東京皇宮從來就是平民不得涉足的禁地，因此東京中心那塊比白宮更大的地區乃是「一片空蕩」——與西方城市相較之下更顯對比鮮明，因為西方城市的中心原本就設計得熱鬧不已：充滿了歌劇院、大教堂、凱旋門及其他具有特殊意涵的建築。東京的大眾運輸規劃見證了從這座城市的神聖中心往外發散的力場。在山手線這條一九二五年完工的環狀軌道上，分布了許多與皇宮保持距離的鐵路終點站。即便到了今天，日本仍然不允許任何地鐵線侵入天皇宮殿的所在地區。

在古老的江戶，民眾移動全仰賴步行，或是搭乘渡船往返於碼頭與下町區那些兩岸滿是倉庫的運河。世界上最早的人力車出現於十九世紀中葉，而且非常適合東京的狹窄街道。

不過，這種運輸工具立刻就面臨了另一種新科技的競爭：鐵路。美國艦隊司令培理（Matthew Perry）在一八五四年二度造訪日本──美國黑船在前一年的來臨震撼了日本，從而促使這個懼外的封建社會踏上現代化的道路──培理帶來的貨物當中包括一具四分之一比例的蒸汽火車頭。這些外國人鋪設了一條圍成一個圓圈的軌道，並且帶了一名幕府官員搭車兜風。隨著火車加速到每小時十八英里，那名官員的長袍隨之在風中飛舞起來。日本人對這項新科技深感熱衷，到了一九〇二年便已有私人企業建造了電車鐵路，從銀座這座西式磚造城鎮通往新宿的馬廄與妓院，又通往西邊位於稻田以外的多摩。四年後，日本政府──昔日的武士階級已變成了身穿套裝、領有薪水的行政官員──將全國三千英里的私營鐵路收歸國有。

根據都市規劃史學家索倫森的說法，「私人企業家才是真正懂得如何建造鐵路的人，而且他們又將賺得的錢拿來在大阪、名古屋及其他有利可圖的大市場興建更多私營通勤鐵路。」這種由私人建造再收歸國有的模式在二十世紀一再重複，日本政府鐵路公司，也就是當今的日本旅客鐵路的始祖，也在同時鋪設了一套策略性的鐵路網絡，在二次世界大戰前的軍國化發展中用來運送武器與部隊。

東京在蒸汽火車與電車的推動下步入了現代化，但鐵軌與電線還不足以消除昔日的江戶建築。一九二三年大地震之後的大火燒毀了近半個東京。東京人再次以木材重建，結果在第二次世界大戰結束之前，成群的B-29轟炸機卻以燃燒彈炸死了十萬人，並將十六平方英里的市區夷為平地，這些大多位於東側的平民區。

後來建造的房屋之所以顯得簡陋甚至醜得難以入眼——常見的建築都是由滿是水漬的水泥蓋成的盒狀住宅，外表貼上塑膠磚塊，還掛著分離式冷氣主機——部分原因是東京人對於恆久的建築沒有太多的經驗。從二次世界大戰結束後就一直觀察東京的文學浪子里奇（Donald Richie）寫道：東京比其他城市「更懷有毀滅的憂思」。東京蔓延在十九條大斷層帶上，由於建設高樓的成本昂貴、風險又高，因此該城一直是一座以低矮建築為主的城市。原子彈與燃燒彈、海嘯與末日教派、地震與大火、哥吉拉與魔斯拉——各種毀滅都市的情境在這裡都可獲得鮮明的想像。（在我最近一次造訪日本之後，二〇一一年的三一一大地震與海嘯不但摧毀了北部海岸，我的朋友在他們的東京家宅裡也不免擔驚受怕；而這場災難也再次證明日本隨時籠罩在死神的陰影下。）

在二次世界大戰後成長而來的東京，可能會讓人誤以為是一座混亂的城市。史考特與珍妮佛在搬到東京之後，已經住過三個不同區域，而且我在他們的這三個家都住過。第一個區域是北小金區，距離東京市中心一個小時，而且必須轉三班車。他們在那裡住在兩幢建得頗為脆弱的兩層公寓建築的其中一樓，設有煤油暖爐與化糞池。我記得自己曾覺得那個在鄉間小道旁混雜稻田與菜園、廢金屬回收場、廣告看板與工業焚化爐，偶爾又會突然出現高聳的超現代購物中心的區域，彷彿就是這麼突然出現，沒有經過任何理性規劃。他們的第二個家是一間天花板低矮的公寓住宅，位在中央線上一個高度都市化的鄰里內的公寓大樓裡；他們住處的同一條街上還有柏青哥遊樂場與中國勞工的狹小宿舍。第三次搬家就比較幸運了。他們現在租住的屋子是一幢附有花園的兩層樓老舊透天厝，接近山手線上的目白站，所在的鄰里是日本都市住商混雜型態的極佳例子。

在目白區，曲折的街道蜿蜒經過混凝土灌漿蓋成的密集豪宅、古老的木構住宅、魚販、店面狹小的美容院與販售家用物品的商店。年老的婦人清掃著設置地點巧妙的小公園；住戶在路旁擺出松樹盆栽及各種綠化盆景；樹木的枝幹上懸掛著木牌，顯示其日文名稱與拉丁學名。你能感受到這是一座精心照料的鄰里，各種小小的美化措施賦予了其間的生氣。目白區的街道不需要設置歐洲式的減速路障：唯一可見的少數汽車都只能在狹窄得有如小巷的街道中小心前進。這座鄰里顯然是單車騎士與貓咪的天堂。

目白區只是東京許多這類區域的其中之一而已。這是日本城市的一大祕密：除了主要交通動脈之外，其他街道通常極為靜謐。比起那些隨著高速公路與汽車發展出來的城市，日本城市的街道氣氛宜人得多，也相當適合步行。

「東京大部分的地區都充滿狹窄曲折的小巷道，」里奇指出：「日本人和英國人一樣，比較喜歡親密愜意的環境，因此新東京的街道也就像老倫敦一樣蜿蜒曲折。這樣的環境也產生出一種相應的群體認同感：這種愜意的小巷道只適合我們，不適合你們這些外來的人。」當今的快速道路覆蓋了古老的運河，主要大道也循著古江戶的山脊與山谷道路建成。「在歐洲，城市藉著不斷突破城牆的硬殼而成長，」陣內秀信在《東京：空間人類學》（*Tokyo:*

A Spatial Anthropology）這部經典研究著作中寫道：「但在江戶，從寺廟與神社的所在地點及其對於周遭土地的使用方式，可以看出這座城市的生活是在一連串的軟殼內成形。」歐洲的城市建造石牆保護居民；但在人口密集的日本城市裡，人本身就是城牆。

這種紋理細密的都市結構以及東京的建築缺乏統一性的現象，導致有些西方人認定他們所知的土地使用分區在日本並不存在。實際上，早在一九一九年，日本的明定法規當中就已有仿照德國模式的土地使用規則與都市成長界線法，甚至比土地使用分區在美國普及的時間更早。現代北美洲的土地使用分區法規範得相當粗略，極力區隔開居住、商業與農業用途的土地，從而確保居民必須長途通勤才能到達購物商場與辦公室。除了少數特殊地區之外，日本的土地使用分區則是允許麵包店、豆腐工廠、駕訓班、公共溫泉及其他小企業開設在住宅區裡。輕工業區也可能像變形蟲一樣出現在公寓住宅的街區內，農業區則是在法令的豁免下得以存在於工廠區域內。都市規劃史學家索倫森指出，由於這些高密度而且用途混雜的中心區域，東京的區域發展模式所具備的永續性因此在世界各大城市當中名列前茅。這一切並非全為刻意設計的結果：日本政府經常把工業成長的需求置於都市居民的生活品質之上。在許多鄰里中之所以會出現像珍·雅各的格林威治村那樣迷人而且人性化的區域，得歸功於一項長久以來的自立自助傳統。

「日本有一種反覆出現的模式，」索倫森告訴我：「就是經過規劃的都市區塊嵌在一大片未經規劃的都市蔓延之中。」日本的都市成長逾半都是鄉間道路旁的一塊塊土地偶然發展而成的結果——就像我在北小金區看到的那種情景——下水道、學校與公園都是事後補上，建造成本經常因此大幅提高。東京雖有許多快速道路，這些道路卻不是結構元素，而是在這座城市的基本型態已經由早期的運輸型態固定之後才另行添上的產物，而且經常加得頗為拙劣。索倫森認為東京只有鐵路網絡受益於高效率的長期區域規劃。「東京的鐵路系統讓一座原本可能淪為一大噩夢的城市得以運作得非常良好。東京人認定每一件新開發案的核心都必須是一座步行即可抵達的車站。大眾運輸只要做得好，就會發現我們在北美洲所執迷的東西——亦即市郊發展的詳細規範——其實沒那麼重要。東京證明了良好的大眾運輸系統能減輕最嚴重的城市問題。」

搭乘成田特快，不免會誤以為東京是一座毫無節制的蔓延型都市。要矯正這種觀點，可搭上「叮叮電車」一探究竟。東京的電車在上世紀的全盛期共有兩百二十英里的軌道，每天可載運兩百萬人。由私人公司建造而成的都電荒川線是少數留存至今的電車路線之一，目的在於載運賞櫻群眾前往飛鳥山公園。現在，這條路線由東京都政府經營，仍然從早稻田大學這座日本政治菁英的培育場所發車，開往在古江戶時期曾是紅燈區，但現在已轉變為勞工階級居住區的三之輪橋。

一個飄著細雨的午後，我在早稻田大學附近一座位於街道中央的遮棚式月台，搭上一輛已有四十年歷史的單節電車。戴著白色口罩的司機指向投幣箱；我投下幾個一百日圓的硬幣，接著在門邊的座椅坐了下來。叮叮電車的鈴鐺發出一陣叮噹響，司機於是將銅質節流閥往右推。隨著電車開始加速，一股電動嗡嗚聲便逐漸升高，伴隨著鋼輪輾過軌道接縫處發出的喀嗟聲響。荒川線的電車可載運五十人，乘客可坐上鋪有綠色厚毛呢的長凳，或是緊抓老式的塑膠拉環站著；不過，在這個時間，車上所有乘客都有位子坐。兩名身穿花朵圖案和服的老婦人踩著小碎步上車，以莊嚴優雅的姿態收起雨傘。在我的對面，一個靈巧的年輕女子以左手持著一個粉餅盒，右手刷著睫毛，同時還將一只路易威登提包夾在穿著絲襪的小腿之間。我們抵達車庫前站之後，司機隨即起身伸個懶腰，把他放在控制台上的懷錶收起來，走下車，在月台上向接班的司機鞠躬行禮。

這班電車的路線可讓人窺見日本住宅區生活的真實面貌。拉麵店、公共溫泉浴池與單車維修舖夾在緊鄰軌道的獨立木構住宅之間。在我們面前一個狹窄的平交道上，兩名少年騎著單車飆過軌道，低頭閃避緩緩降下的柵欄。在一個三樓的陽台上，一個男孩看見他爸爸綁在欄杆上的鯉魚飄隨風飛揚了起來，興奮地拍手叫好。電車上的乘客主要都是退休年齡的人士，臉上帶著平和的微笑看著周遭滑過的一幕幕景象。

等到我抵達終點站三之輪橋站的時候，細雨已經成了大雨。我在一條商店街裡避雨，商店街上方有一片玻璃屋頂，商店樓上的公寓看起來有如勞工階級版本的巴黎拱廊街。我一面吃著從一家天婦羅店買來的炸櫛瓜與炸蕃薯，一面探索著電車線終點這片老東京的綠洲。穿著寬鬆工作褲的建築工人坐在板凳上，一邊談笑，一邊享用著啤酒和烤鰻魚。一個板著臉孔的店老闆用算盤計算著這一天的營業額，同時和對街的同業有一搭沒一搭地鬥著嘴。圍著圍裙的家庭主婦騎著單車穿梭在行人間，置物籃內滿是日用品。

像這樣的情景也可見於上野站的高架道路底下，接近下北澤站的平交道，在小巷裡煙霧繚繞的串燒攤販旁、「醉漢巷」裡只有十個座位的簡陋酒吧裡，以及新宿外的「小便街」。愜意小巷的藍圖似乎深深紮根於日本這個國家的DNA裡。子彈列車在這類鄰里旁呼嘯而過，快速道路則是積極摧毀這樣的社區。儘管東京備受地震、燃燒彈以及數十年來的莽撞發展所摧殘，這座城市的下町精神還是存續了下來，而且一旦依偎在緩慢行駛的叮叮電車的軌道與車站旁，最是怡然自得。

道路部族與鐵道迷

鐵路文化在日本城市裡極為根深蒂固，很容易讓人忘卻日本也是世界上一大汽車生產國。

東京街道上的汽車看起來有種玩具感：所有的車輛看起來都毫無瑕疵，彷彿才剛拆封一樣。這裡可看到外形有如泡泡般的三菱 Toppo、速霸陸 Pleo 以及看似將奧斯汀迷你撐大的鈴木 Alto Lapin。計程車都在椅背上鋪有精緻的蕾絲椅套，使用的車款包括日產的 Cedric Brougham 與豐田皇冠。日產近來發表了 Pivo 2，其輪子能夠九十度旋轉，因此可側向停入車位；這部三人座的車輛還有個裝設了儀表板的機器人頭，頭上的「眼睛」能偵測駕駛人的表情，若是發現駕駛人皺著眉頭，就會播放他最喜歡的音樂。日本的商用車持有率高居世界第一，東京市中心的交通有時看起來似乎全都是小卡車、速可達、送貨車輛、計程車、公車與豪華轎車。這種現象絕非偶然：原因是在東京擁有汽車必須付出非常高昂的代價。

私有車輛在日本出現的時間比大部分地區都還晚。東京直到一九五九年才出現第一座停車場；日本的第一條快速道路——介於東京與大阪之間——更是在四年後才出現。不過，戰後憲法限制軍費支出的日本迎頭趕上，將原本可能投入軍隊的經費用於興築奢華的基礎建設。首都高速公路的路面有如撞球桌般平整，在市中心的高樓大廈之間傾斜向下，鑽入街道底下深處的隧道——這只是日本龐雜的全國收費道路網絡當中的一條而已。在這裡，高速道路的興建是惡質政治分贓的產物：政治人物以工程合約酬庸親友，而這些「道路部族」在高額汽油稅的滋養之下，經常在偏遠地區興建不知所云的橋梁，通往鳥不生蛋的地方，不然就是在工業園區興建連接港口與機場但是沒有企業想要使用的快速道路。為了因應預算超支，日本的三家高速路公司（其背負的債務總和為三千四百億美元）經營了全世界最貴的快速道路，過路費高達法國的兩倍半。就柏油與可用土地的面積比而言，日本現在擁有的道路至少比其他已開發國家多出四倍。

然而，日本卻是第一個出現大規模去汽車化的工業經濟體。日本的汽車銷售量在一九九〇年達到一年八百萬輛的高峰之後，隨即迅速下滑；二〇一〇年，日本人只購買了四百六十萬輛汽車，創下三十三年來的新低。此外，擁有汽車的人也不常開：在日本，車齡十年卻開不到六萬英里的車輛並不罕見。現在，日本只有四分之一的男性表示自己想擁有汽車，遠低於二〇〇〇年的二分之一。此一趨勢在年輕人身上特別明顯。

「我不想擁有汽車，主要是因為日本的停車費非常高，」武井優季說。年齡三十出頭的武井在一家從中國進口家具的公司上班；他住在上海與北京的時候學會了中文，並且在北京結識了他的越南籍妻子。他是個身材結實的年輕人，握起手來非常有力。這一天，他從他住的公寓騎單車到船橋站附近的一家咖啡廳和我見面——船橋站位於總武線上。「你要是住在東京，一個月的停車費就得花上五萬日圓以上，這將近六百五十美元，實在太貴了！」東京早自六〇年代初期以來，法律即禁止路邊停車；現在，要買新車的人都必須證明自己擁有車位。武井雖然搭乘列車通勤，但他在工作上偶爾也得開貨車載運家具樣本給客戶。「交通糟透了，擁擠得很，而且路都很窄，所以相當危險。不過，這裡的駕駛人都很守規矩——他們都明白交通規則。中國的狀況正好相反——那裡的路很大條，可是紅綠燈沒有作用，而且駕駛人都像瘋了一樣。」

武井說他和他太太不想買車。「我們要是有小孩，也許會想開車去度假。可是現在有網路，可以租車，也能參加汽車共享。列車通常會準時，很少誤點。」武井讓我看他的單車，那是一部五段變速的「越野系列」自行車，輪胎大小只有一般單車的一半，而且可以折疊起來帶上火車。

我騎著那部車繞了一圈——一個手長腳長的外國人騎著小單車穿梭在週末購物人潮當

中。車站周圍滿是雙層單車停車架，週間停車一次一百日圓。週末停車免費，也有許多人直接把單車立在車站外，沒有上鎖。日本和哥本哈根一樣，泊車換車指的總是將單車——不是汽車——停放在車站。對於擁有汽車這件事，武井和許多同世代的其他日本人的觀點，應該會讓世界上的汽車製造商深感憂心。日本在八〇年代的資產價格泡沫之後，已經歷了二十年的通貨緊縮與經濟停滯，這種環境氛圍並無助購買汽車這種昂貴物品的炫耀性消費。此外，環境意識的高漲也對汽車銷售量造成衝擊。日本汽車載運一名乘客行駛一英里，平均排放十盎司左右的二氧化碳。相對之下，日本旅客鐵路的列車平均每名乘客每英里排放的碳只有三分之二盎司。三一一大海嘯造成的核電災害雖然突顯了日本對於核能發電的高度依賴——驅動日本列車的電力有百分之三十都來自於像福島發電廠那樣的核能發電廠，剩下的則是來自天然氣與水力發電——但大眾運輸的能源需求其實低得令人吃驚。（在尖峰時刻，單是東京的柏青哥遊樂場所消耗的電力就比該市的主要地鐵系統高出一倍以上。）大眾運輸載運的乘客量以及列車的效率，更有助於說服人支持大眾運輸。美國人在一年裡平均每人排放二十四噸的碳；而東京人因為大眾運輸普及之故，平均每人的碳排放量只有四．八噸。

在年輕族群裡，有些徵象也顯示汽車已經逐漸落伍。著名女企業家藤田志穗是辣妹的偶像——所謂的「辣妹」，指的是日本具有高消費力的後青春期女子，熱愛塗抹美黑霜以及接上金髮——她曾在不久之前表示：「我要是和朋友在一起，而我的男友開車過來載我，我會覺得有點不好意思。」二〇〇九年，一項針對大學生進行的調查發現，在二十五項最受喜愛的產品與服務當中，汽車排名第十七，落後於化妝、電視及外語課程。我訪問的許多日本年輕人都提及碳排放與污染是他們不買車的重要原因。

我找上東京大學都市工程學系的原田昇教授，他的專長是歸納旅行行為的模型。我向他請教汽車在日本有沒有前途。

「以前的東京人賺了很多錢，都想在市郊買獨棟房子和車子，那是當初的夢想。現在的年輕人卻不這麼認為——尤其是在市郊長大的年輕人！汽車和市郊住宅是他們父母那一輩的夢想，現在的年輕人認為住在城市裡比較好，這樣他們就不需要開車。」

從未停止興建快速道路的日本政府，對於擁有汽車仍然繼續傳達出矛盾的訊息。我造訪日本的時間刻意避開「黃金週」——這是春季期間幾個連續國定假日形成的長假，民眾會藉此機會離開城市，走訪偏遠的寺廟與公園，因此列車和高速公路上不免滿是旅遊人潮。為了鼓勵民眾利用黃金週出外進行國內旅遊，日本政府決定將快速道路的過路費降到相當於十二美元——在日本是非常划算的費率。

我後來在《讀賣新聞》上讀到，這項鼓勵措施效果太好了，以致日本旅客鐵路的載客量下跌百分之七，而且全國出現五十八起嚴重塞車現象。在東名高速道路上，從東京開往名古屋的駕駛人身陷在創記錄的車陣裡，延伸長達四十英里。他們在珍貴的假期當中，只能在路上空等，望著東名高速道路北側的富士山發呆。或者該說他們原本看得到富士山，只可惜視野在那個週末被一團濃濃的煙霧給擋住了。

東急，東急，東急

在第一次世界大戰之前，美國的電車公司將他們的軌道延展到所謂的「電力園區」，也就是那些公司擁有的展覽場地，距離大城市的市中心都有數英里之遠。這些電力園區和市中心之間的空間，則有電車郊區分布。在二十世紀初期的日本，位於鐵路盡頭的景點通常是露天溫泉、巨大佛像，以及可啜飲清酒賞櫻的公園。美國的高速公路取代了電車，日本人卻不曾停止鋪設軌道。現代的東京就是一座大型的電車郊區。

日後的發展模式是在大阪定型。一九一〇年，阪急電鐵公司在梅田站蓋了一家百貨公司，並在軌道另一端建造一家溫泉飯店，同時也在軌道沿線興建住宅區、辦公大樓和旅館，一條原本沒什麼利潤的路線因此變得獲利豐厚。日本的新興鐵路大亨注意到這項發展：旅客運輸業雖然有利可圖，但若能在民眾想居住的地方建造社區，那麼一個活力充沛的企業家即可打造出一座帝國。

日本式的市郊夢想向來都比美國版本樸實得多。獨棟的單戶住宅，由充滿象徵意味的入口大門與圍牆環繞著一座小庭園——這不是亞洲版的利未城房屋或加州平房，而是仿造江戶時期的武士堡壘。鐵路集團運輸旅客的距離愈長，賺得的車費就愈多，因此他們也就將軌道延展至東京的偏遠郊區，讓這種市郊堡壘成為一般人能企及的夢想。在第二次世界大戰後的大規模市郊化發展當中，許多社區都成為京王、小田急與西武等鐵路集團的地盤。不過，其中最大的集團乃是東急電鐵公司。

這家公司早期的主管積極收購了東京以西的私營鐵路。在澀谷站這類大車站，也就是通勤乘客從國營鐵路或地鐵轉搭東急列車處，該公司都建造了巨大的百貨公司。東急成立了合作社，將農地合併起來，並且將開發之後的土地還給原本的地主，於是他們也就願意捐出多達百分之四十五的土地面積，換取開發完善的土地，不但設有下水道、街道與電力，並且享有軌道運輸的服務。這種間接促成都市成長的做法稱為土地重劃，就是市郊住宅區擴展至鄉下地區的方式，進而造就東京以鐵路為基礎的特殊成長模式。東急集團成為日本數一數二的企業帝國，開發了市區百分之三十面積的土地重劃，也因此被稱為「東急方法」。

澀谷區擁有山手線上最大的車站之一，同時也是東急集團總部所在地，是東京最熱鬧的區域。我小跑步穿越車站廣場前的行人專用時相路口，望著上方螢幕上一隻三十英尺高、喋喋不休的動畫企鵝，深深意識到我來到了東急領域。我身後是一座高聳的購物商場，外型有如銀色的飛彈發射井，上方有著「１０９」的發光紅色字樣——這是「東急」的暱稱，因為日語中「１０」的發音與「東」相同，「９」的發音又與「急」同。澀谷站上方聳立著專屬的東急飯店，街道上還有一家東急手創館的門市：這是一家多層樓的百貨公司，更是ＤＩＹ愛好者的天堂。摩天大樓之間的高架軌道是東急集團的財富基礎，不斷為澀谷帶進一批批來自西邊市郊的通勤旅客。東急是現今日本以鐵路為基礎的集團當中最大的一家，年營收達一百二十億美元。

城石典明是東急運輸暨發展部門的資深規劃師。我對他說，在東京顯然有可能住在東急公寓住宅，搭乘東急列車通勤至市中心，並在一棟東急辦公大樓裡工作一整天。

「東急，東急，東急！」他笑著同意我的說法。當時我們正坐在東急百貨公司裡的一家咖啡廳。城石攤開東急公司的路線圖，指出從市郊地區將乘客載運到山手線上的澀谷與目黑等主要轉乘站的七條東急路線。「東急共有一百座車站，但只有一百公里的軌道。每天有三百萬名旅客使用我們的路線，所以我們必須營運許多班車，有時候車班間距不到兩分鐘。」換句話說，單是這麼一家私營鐵路公司，每天載運的乘客就和整座倫敦地鐵一樣多——而且軌道長度還不及倫敦地鐵的四分之一。「我們的田園都市和東橫這兩條主要路線，現在面臨的問題是過度擁擠。我們在尖峰時刻的載運量通常已達原設計容量的百分之兩百。為了解決這個問題，我們正沿著既有路線興建新軌道。」

我們搭乘一部行駛在東急軌道上的東京都會快車，前往澀谷西南方十英里處的多摩田園都市，並在其商業中心的多摩廣場下車。城石在途中向我說明，東急服務的區域是東京市裡最年輕也最富有的地區。「多摩的人口預計會在往後二十五年間繼續增加。此外，我們沿線的居民都有很好的收入，比全國平均高出百分之五十。」多摩可說是洛杉磯富裕市郊的高密度版本，但沒有洛杉磯的塞車現象。在二子玉川這類購物聖地，可見到三百美元的哈密瓜、小鬚鯨魚排以及鑲滿珠寶的卡地亞手錶。

我們在多摩廣場搭乘手扶梯登上一座購物商場的四樓，俯瞰車站的工地。那座興建中的車站是一座玻璃與鋼構建築，有挑高的天花板與吸引人目光的弧狀屋頂，看起來比較像是上海或新加坡機場的國際航空站，而不只是地鐵站。

城石指出，東急採取新式建築工法，因此能開發軌道上方的空間。不到一年，這座車站的周圍將有嶄新的百貨公司、美食街、超市與辦公大樓環繞。

「四十年前，這裡還是一片山地，只有農夫住在這裡。那時候根本還沒有多摩市，但現在這裡的人口已經超過五十萬了。」

自從七〇年代開始，政府的都市計畫師就企圖降低東京對市中心區的依賴。像多摩市、千葉新市鎮與筑波研究學園都市這樣的「科技城鎮」，原本應當能滿足民眾的居住與工作需求，消除長途通勤至市中心的需要，但日本的技術官僚和法國的一樣，一直無法在住宅數量與就業機會之間取得適切平衡。當初形成東京的那股磁吸力持續發散到山手線上的副都心，例如新宿與澀谷——這兩個區域現在已即將結合成為一座巨大的中心商業區。不同於美國，日本市郊的興盛並未伴隨市中心的衰頹：遠郊地區雖然吸引了居民，但就業機會仍在山手線上。橫濱雖然距離澀谷十六英里，而且是一座人口數相當於洛杉磯的獨立城市，現在卻也大致成了東京的「臥室郊區」。

「就都市型態而言，以鐵路為基礎的系統能強化中心區域，」都市規劃史學家索倫森告訴我：「東京雖大，卻是一座單一中心的城市，而這點完全是鐵路系統造成的結果。東京的鐵路網之所以會強化集中性，原因是這套路網和所有鐵路系統一樣是放射性的：所有路線都連接於中央的山手線。」主要政府機構向來叢聚在皇宮周圍，企業也仍舊盡可能讓總部接近這些影響力的中心。

東京市中心在七〇與八〇年代雖然出現居民外流至市郊的情形，但其身為就業中心的重要性卻更加提高。如同許多蔓延發展的美國城市，成長速度最快的環狀區域像爆炸震波一樣向外擴散，延展至中心以外半徑二十至四十英里的地區。經濟衰退之後，市郊化發展隨之停滯，成長幅度最大的環狀地帶幾乎立刻內縮至距離中心半徑十二英里的區域——大約是東急的多摩廣場所在的位置。自此之後，東京都會區就忙著趕上過往的發展，填補當初在狂亂成長中遺留下來的缺口。我不禁聯想起在洛杉磯見過的那種模式——都會運輸局將帕沙迪納與好萊塢的空地開發成新的公寓住宅區。

東急公司的鐵路線協助了東京成長，現在也充分利用人口回流市中心與近郊的趨勢。城石表示，多摩廣場的第三階段將在明年開展：「我們的目標對象是年輕人到中年人。年輕人都已不再開車，所以我們正在興建高密度的公寓大樓，每棟都有幾百戶，而且距離車站只要走路十分鐘。」所有道路都通往車站，而車站裡的鐵路即可通往東京。新一代的車站還設有托育中心，所以父母可以先把孩子放在托育中心之後再搭車上班。

我之所以找上城石，是希望他能帶我導覽東京最新的大眾運輸導向發展。在我搭車返回澀谷的途中，望著車外的公寓大樓、百貨公司與單車停車場，我才意識到自己的想法有多天真。在這座環繞著列車興建而成的城市裡，找尋非大眾運輸導向的發展才是真正的挑戰。

在造訪多摩之前，我先請教過東京大學的原田昇，問他是否認為東京以大眾運輸為核心的發展方式能套用在北美的城市。

「我認為在任何地方都有可能，」他對我說：「你未來想擁有的生活型態，取決於你的價值觀、你的做法、你的決定，以及你是不是願意付出更多的錢支持大眾運輸。依賴汽車的城市對於習慣開車的人很舒適；但有些人無法開車，這些人也應該有選擇權。一座城市應該提供他們這樣的選擇。」

不過，我並不確定東京的模式是否真能外銷。這是一座獨樹一格的城市：全世界只有這座大都會的私人企業能在沒有政府補助的情況下經營軌道運輸而獲利。像東急這樣的企業集團之所以能做到這點，是因為他們的列車載運許多乘客、班次非常頻繁，而且行駛路線穿越了他們為乘客建造的高密度住宅區。東京彷彿是揚棄高速公路而選擇電車的洛杉磯，結果杭廷頓的太平洋電車不但持續營運城際之間的紅色列車，甚至還開發了南加州大部分的市郊住宅區。

這不是北美洲習慣的做事方法。至少就目前為止，北美洲大多數的高速公路與大眾運輸系統都是公營。在東京，鐵路的經營者同時也是城市的建造者，這種權力的高度集中不可能出現在西方的民主社會。大眾運輸在東京恰好能夠獲利，並不足以做為大眾運輸應該私有化的證據。這點不過是更進一步證明——如果還需要更進一步的證明的話——東京的確是個自成一格的世界。

陸地噴射機

我絕對不能沒搭過新幹線就離開日本。我利用一天的時間在京都走訪寺廟之後，在車站裡也忍不住化身為電車宅男，拿起相機猛拍一部300系新幹線列車駛入月台的身影。這是一部非常美的列車：造型流線、白色車身，車頭前低後高，接近頂端的地方嵌著一道玻璃窗，看起來猶如一架戴著包覆式太陽眼鏡的大型噴射機。

我搭乘共有十六節車廂的光速號列車，在第十三節車廂的一個靠窗座位坐了下來。列車準時在上午九點五十六分開動，而且在開到月台盡頭時，時速至少以已達五十英里。列車還沒穿越第一條隧道，我就耳鳴了。隨著列車駛出京都郊區，平穩加速至每小時一百四十三英里的極速，我不禁覺得自己的頭被壓在椅背的亞麻布椅套上。然而，光速號列車不是新幹線最新的列車，也不是最快的。東日本旅客鐵路最新的子彈列車名為「高速科技」（Fastech），時速可達兩百二十七英里，而且該公司正在研發一部磁浮列車，能在一個小時內從東京開到大阪——極速達每小時三百六十英里。這種車已經不是列車了，根本是陸地上的噴射機。

不過，搭乘新幹線比搭飛機多了許多樂趣。身穿粉紅色襯衫，繫著淡紫色圍裙，紮著髮髻的年輕女子，推著裝滿威士忌、御便當與咖啡冷飲的推車在走道上徐步走過，進出每節車廂時都會向乘客鞠躬行禮。列車抵達每一個停靠站之前，都會先播放一段五音木琴音階，再由一股帶有英國口音的女聲宣布站名。車廂裡的天花板相當高，座椅的椅背可向後仰，而且在車上也可自由走動。我把握機會，在微微搖晃的情況下穿越了三節幾乎清一色全是男性乘客的吸菸車廂，窺看日本的蹲式馬桶，並以略帶羨妒的眼神瞥了一眼乘坐在寬敞的綠色車廂裡的企業主管——商務車廂只有四排座位，而不是六排。

嚴格說來，新幹線其實是城際運輸工具。不過，如同歐洲的高速列車，新幹線也發揮了縮短距離的效果，讓人得以住在甲城並到乙城上班。在東京大學，原田昇的一名同事拿了他從宇都宮市搭到東京的月票給我看（每個月一千美元的價格相當高昂，但還是比開車通勤便宜，而且還可得到學校部分補助）。他說他的課前準備工作幾乎都在一百二十五英里的通勤路程上完成。一如歐洲，城市之間完善的鐵路接駁與市區內的大眾運輸相輔相成，讓人得以過著無車生活。

當天的富士山清晰可見，在我的左側緩緩向後移動；太平洋則在我的右側發出粼粼閃爍的光芒。列車行經許多著名地標，例如名古屋的太陽能方舟——那是一幢銀灰色的回力棒造型建築，外表覆蓋著五千片太陽能板。鐵軌旁可看到東海道公路，這是一條古老的驛道，連接京都與江戶，距離長達三百英里；這趟旅程在過去可是需要幾天的時間才能完成。

我搭乘這班列車的車程共是兩小時四十四分，抵達東京站的時間比時刻表上的時間晚了不到十秒鐘。

我實在不想下車。

軌道上的鮮血

我必須承認，日本的大眾運輸雖以高效率著稱，但我也不免看見這套系統中黑暗的一面。

我養成了搭乘首節車廂觀看前方軌道的習慣之後，不禁開始懷疑列車的駕駛是否精神不太正常。列車駕駛總是獨自一人身在駕駛艙裡，通常戴著口罩；不過，卻經常可以看到他們熱切地做著各種手勢，彷彿自言自語得興奮不已。車門關上的時候，他們會大喊：「門關上了！」列車加速的時候，他們會高喊：「好，出發了！」每當列車經過一個綠色燈號，他們就會舉起食指大叫：「沒有異常！」抵達車站的時候，我也會聽到他們說：「十節車廂停車位置，好了！」那種感覺就像是看到強迫症患者發病一樣。

我後來才發現，這種表面上看似瘋狂的舉止其實有其道理。這種做法稱為「指差確認」，起源於蒸汽火車時代初期，當時視野不佳的火車司機會向身旁的司爐工喊出前方的訊號狀況，而司爐工則會回應確認。指差確認早在一九一三年就已規範在日本鐵路手冊當中，現在更獲得公車司機與工廠工人採用，這種做法已證實能減少百分之八十五的工作失誤。

這些都很好，但鐵路員工遭到的懲罰也可能非常極端。二〇〇五年，一班西日本旅客鐵路的列車在大阪與神戶之間出軌，撞進軌道旁的公寓大樓，造成駕駛與超過一百名乘客喪生。當時那班列車延誤了一分半鐘；駕駛為了趕上預定到站時間，在一個急彎前將列車加速至將近八十英里的時速。事後調查發現，西日本旅客鐵路公司具有一套羞辱性懲罰的企業文化，列車駕駛一旦誤點，就被迫必須重複撰寫無數的報告，並且接受長達數月的「再教育」。曾有一名駕駛在遭到主管連續叫罵三天之後上吊自殺。日本列車絕佳的準時性顯然是有代價的。

在中央快速線的一班列車上，我站在駕駛艙後方，看著時速表的指針攀升至一百二十公里，內心不禁浮現一股恐懼，害怕發生「人身事故」——這是日本旅客鐵路公司對於自殺事件的委婉稱呼。移居日本的外國人都將中央線稱為「中央自殺線」，因為這條路線又長又直的軌道可讓列車高速行駛，於是沿線的車站也就成了熱門自殺地點。直到今日，自殺事件仍是最難消除的誤點原因。儘管難以取得統計數據，但一般認為東京每年平均發生三百起「人身事故」，而且幾乎全都免不了有人喪生。為了防阻自殺行為，鐵路公司於是會扣下死者家屬繼承的遺產或是領取的保險金，作為服務中斷的賠償——曾有某案例扣下的金額高達六萬四千美元，不過這種現象顯然不是常態。東日本旅客鐵路公司也在部分封閉式車站的軌道彼端裝設鏡子，因為有一項理論指稱自殺者一旦看見自己的倒影，就會因此遲疑。最有效的解決方法同時也最昂貴：新的地鐵路線都裝設了月台門，只有在列車抵達後才會開啟。東日本旅客鐵路公司計畫在二〇一七年前為山手線上的所有車站全裝上這種避免自殺行為的月台門。[3]

東京的列車也是大眾運輸史上規模最大的一場集體殺人行動的目標。一九九五年三月二十日，晨間交通的尖峰時刻，五名奧姆真理教成員在三條不同路線搭上東京地鐵列車，接著分別在抵達市區內的不同車站之際，刺破裝有沙林液體的塑膠袋——這種毒物的毒性是氰化物的二十六倍。隨著液體揮發，通勤乘客紛紛陷入痙攣並口吐白沫；結果造成十二人死亡，數千人受傷。這群末日教派的信徒——他們可能是歷史上唯一的佛教恐怖分子——認為自己的殺人舉動乃是為被害者提供通往極樂世界的捷徑。在《地下鐵事件》這部記錄該起攻擊事件的口述歷史中，小說家村上春樹描繪了令人震驚的場景：在沙林毒氣有如糖漿般的氣味瀰漫在車廂內，而且眾人紛紛咳嗽嘔吐之際，一名通勤乘客卻還是坐在座位上看著報紙，直到列車抵達他的車站之後才願意起身離開。村上春樹也思索了這起攻擊事件對日本人造成深刻創傷的原因：奧姆真理教以東京地鐵做為攻擊目標，擊中的正是日本人自我認同的核心。不過，他們的目標若是藉由製造恐慌與社會崩潰而加速末日來臨，那麼他們失敗了。有些車站服務人員極為盡忠職守，即便吸到毒氣仍不肯離開，而必須被人從閘門前拖走。

在村上春樹為了《地下鐵事件》所做的數十場訪談當中，可發現一項值得注意的細節：

東京列車的擁擠狀況在過去比現在還嚴重。村上春樹的訪談對象描述了以前經常出現的嚴重擁擠現象，不但眼鏡被壓壞，甚至還導致肋骨斷裂、髖關節脫臼。有一次，有個人記得在尋常的尖峰時刻，自己的公事包在北千住站被人群夾住，結果因為害怕自己的手會被扯斷而不得不放開把手，他就這麼眼睜睜看著公事包消失在人潮中。這個人敘述的景象精確呈現出東京在九〇年代初期的通勤狀況，當時的人潮擁擠現象達到了高峰。

看日本旅客鐵路公司如何定義「擁擠」，更可讓人一窺其中堂奧。列車若是達到百分之百的載運容量，就是每個座位都有人坐，而且每個拉環也都有人拉。達到百分之一百五十，乘客的肩膀會互相碰觸，但站立的乘客仍可看報。達到百分之一百八十，乘客「多多少少」可以看報，但報紙必須折起。達到百分之兩百，就是到了高峰載運量的標準，乘客的身體接觸會帶來「相當壓力」。超過百分之兩百五十，乘客就會擠得手都無法移動，而列車若是顛簸，乘客的身體將不免「形成傾斜狀態，動彈不得」。[4] 過去二十年來，鐵路公司開始掛載更多列車以及縮短車班間距，而且由於有阪本清這類人士的努力，車站都經過重新設計，以減少人群的擁擠堵塞。不過，人潮擁擠的狀況還是會在某些路線上出現，例如東西線的列車的載運量在晨間尖峰時刻平均皆可達百分之一百九十九。我的朋友史考特告訴我，擁擠的感覺在冬天更嚴重，因為大家都穿上厚重的外套。

這種擁擠的情形導致一再出現的痴漢騷擾現象。這種現象不是現在才有——早在一九四七年，中央線的列車就設有僅供女性搭乘的車廂——也不是只有在日本才有：墨西哥市有女性專用公車，車身標示著粉紅色圓圈，孟買的火車也有女性專屬車廂，因為那裡經常發生「調戲夏娃」的性騷擾情形。不過，日本每年這類案件的提報數超過兩千起，可說相當常見。史考特說，他搭乘的列車若是達到高峰載運量，他就會高舉雙手；許多外國人都曾被指控偷摸女乘客，有些也許是真的，但恐怕也有不少冤枉的案例。

一個星期五晚上七點，我在澀谷站等待一班山手線列車到來。弧狀月台早已擠滿了人，排隊人潮一路延伸到階梯底下。我在晨間尖峰時刻在新宿站看到的那種秩序已然潰散：下班後喝酒喝到滿臉通紅的上班族一面詛咒、一面推擠；有個人踩到月台上的嘔吐物而咆哮一聲。我站在四個女學生身旁，她們一面咯咯笑著，一面共享著一個甜甜圈。列車每兩分鐘來一班，逐漸消化一批批的群眾，我們於是緩緩被推向月台邊緣。最後，我終於被群眾推上車，在車門即將關上之際才跳過月台與列車之間頗為寬大的間隙。

在四站之間，我體驗到了高峰載運量的擠壓狀態。我的手被壓在身側動彈不得，所以列車只要稍有顛簸，我也只能跟著晃動。所幸，所有人都在同一時間朝同一方向傾斜，直到列車加速之時才得以再次站直。我一開始抗拒著人群的壓力，結果因為肌肉出現即將抽筋的感受而不禁一陣恐慌。不過，我隨即想起一般人對於搭乘雲霄飛車所提的建議：別抗拒，放鬆就好。隨著我和群眾融為一體，我便開始對這種體驗樂在其中。車廂裡安靜得有點詭異，我聽得見身旁一個低階企業主管耳中的耳機發出的細微嗡鳴聲。有個一副宅男裝扮的男子將智慧型手機舉在他的膠框眼鏡前，正讀著電子書——這種閱讀型態相當適合擁擠的列車。我們又顛簸了一下，我不禁可憐起我旁邊那個身形嬌小的女學生，竟然被迫這麼緊緊擠在一個渾身臭汗的外國人身邊。就在我擔心自己會不會被人指控為痴漢之際，我前方座椅上的婦人突然拎起購物袋，沿著柱子一個轉身，在高田馬場站下了車。我滿懷感激地坐上她留下的空位，閒散地欣賞一名身穿正式套裝的女子隨列車的晃動前後搖擺，手握拉環低頭打著瞌睡。不久之後，我自己的頭也垂了下來。

日本的列車總會讓我忍不住睡著。你只要找得到座位，絕對可以好好放鬆享受搭車的旅程，心知自己受到良好的照顧。嚴重的列車事故或車上犯罪案件都會受到大幅報導，正是因為這種事件極少發生。就統計數據而言，在日本死於列車車禍的機率比死於睡褲著火的機率還低。自從新幹線在一九六四年開始通車以來，至今還沒有人死於子彈列車撞擊或出軌的事故。[5]

西方人發現東京擁擠的列車上如此安靜，通常會把這種現象解讀成日本人盲目從眾的表徵。不過，我卻覺得這是一種禮貌的高度表現。車上的廣播一再提醒乘客將手機切換為「禮貌模式」，而他們也的確會遵循。（更重要的是，這種守規矩的行為會互相傳染：有一天，我坐在一班總武線列車的座位上，手機突然響了起來。結果我因此羞得滿臉通紅，滿心歉疚地低下頭，手忙腳亂地將鈴聲關掉。）

「搭乘大眾運輸，」東京大學的原田昇說：「就是學習如何和其他人合作，學習在公共空間該有什麼樣的行為表現。」

在東京待了幾天之後，我對六歲小童獨自搭車上學的景象已經見怪不怪了。千百萬人每天在同樣的列車上面對面、肩並肩，而不是各自封閉在金屬鑑繭內，在高速公路上互相呼嘯而過；如此的結果就是強化了這種禮貌意識。對日本人而言，每天搭乘大眾運輸都是一次提醒，提醒他們所有人都身在同一條船上——在他們的社區、他們的城市、他們的社會裡。即便是個末日教派發動的毒氣攻擊，也無法造成廣泛的恐慌與社會崩潰。如同在莫斯科的情形，恐怖活動只能短暫中斷列車服務。

這樣的列車雖然偶爾擁擠不堪，卻促成了一種遠優於汽車城市的都市化發展。如果東京的例子足以做為參考，那麼規劃鐵路運輸即可讓龐大的人口居住在永續且適宜步行的鄰里中，同時又限制了都市蔓延的發展與污染現象。

隨著東日本旅客鐵路的山手線列車上的加溫座椅溫暖了我的臀部，我不禁打起瞌睡，在鋼輪輾過軌道接縫處發出的喀噠喀噠聲中沉入夢鄉。直到列車駛達池袋站，我才被急促的關門警示音驚醒，從座椅上跳了起來。

我深感自豪。我已通過了成為東京大眾運輸乘客的入會儀式——我睡過頭了，錯過自己應當下車的車站。

1 這種守秩序的行為在亞洲並非常見的現象，甚至在日本也不是。大阪市民以缺乏耐心著稱，會在月台上佯裝排隊，但在列車抵達之後就爭相衝向門前。此外，根據國際交通與安全科學協會（International Association of Traffic and Safety Sciences）調查，大阪市民也會在最後一人下車之前的三點二秒就開始上車。比較守規矩的東京人平均是一點三秒。

2 遊客請注意：採取日本人的做法，使用一種稱為「手刀」的手勢表示你自己的閃避方向。這種做法是併攏手指往斜下切，你打算走向哪一邊就斜向那一側。這種手勢看起來似乎有點粗魯無禮，卻極有效率，能讓別人立刻得知你打算行走的路線。

3 跳軌自殺的行為背後有一項令人不寒而慄的邏輯。有時候，東京可能會讓人覺得像是一部不停運轉的巨大機器。有些人在壓力過大的情況下，可能會認為自己將血肉之軀投入列車的鋼輪之下，將可讓這整套系統徹底停擺。這種行為確實有效，但效果只會持續一小段時間。東日本旅客鐵路公司引以為傲的一點，就是最快能在四十分鐘內清除軌道上的屍體，讓列車恢復行駛。

4 孟買的西方鐵路線（Western Railway Line）是全世界最擁擠的大眾運輸路線，工程師不得不為此處的通勤列車另外發明出一個新類別。一旦每平方公尺塞進十四個人以上——超過百分之二百七十五的載運容量——即是達到了「超密集高峰載運量」。當然，在孟買，這樣的情形意謂乘客都已坐上車頂以及拉在車門外了。

5 二〇一一年，中國發生兩部子彈列車對撞，導致四十人喪生，結果北京因此降低列車極速，並暫停新軌道的興建工程。